I0765533

Name	Comment

Name | Comment

Name	Comment

Name | Comment

Name	Comment

Name	Comment

Name	Comment

Name   Comment

Name	Comment

Name	Comment

Name	Comment

Name	Comment

Name	Comment

Name | Comment

Name | Comment

Name	Comment

Name	Comment

Name	Comment

Name	Comment

Name
Comment

Name	Comment

Name	Comment

Name	Comment

Name	Comment

Name	Comment

Name	Comment

Name

Comment

Name | Comment

Name | Comment

Name | Comment

Name	Comment

Name	Comment

Name	Comment

Name	Comment

Name	Comment

Name	Comment

Name

Comment

Name	Comment

Name | Comment

Name | Comment

Name | Comment

Name	Comment

Name
Comment

Name

Comment

Name	Comment

Name	Comment

HAPPY
BIRTHDAY

HAPPY
BIRTHDAY

HAPPY
BIRTHDAY

HAPPY
BIRTHDAY

HAPPY
BIRTHDAY

HAPPY
BIRTHDAY

HAPPY
BIRTHDAY

HAPPY
BIRTHDAY

HAPPY BIRTHDAY

HAPPY
BIRTHDAY

HAPPY
BIRTHDAY

Name	Gift

Name	Gift

Name	Gift

Name

Gift

Name

Gift

Name	Gift
Name	Gift

Name	Gift

<table>
<tr><th>Name</th><th>Gift</th></tr>
</table>

Name	Gift

Name	Gift

Name	Gift

Name	Gift